O sentido da vida

Oscar Brenifier
Jacques Després

O sentido da vida

Tradução: Beatriz Magalhães

autêntica

Alguns pensam
que a vida tem mais sentido
quando é bem preenchida,
quando possuímos
muitas coisas.

Outros acreditam
que a vida tem mais sentido
quando não há nada
para atravancá-la.

Alguns pensam
que a vida tem mais sentido
**quando estamos muito ocupados,
quando temos inúmeras atividades.**

Outros acham que a vida
tem sentido unicamente quando
a gente não faz absolutamente nada,
quando deixamos, tranquilamente,
a vida passar.

Alguns pensam que viver
é aceitar que a vida possa
trazer sofrimentos
e enfrentar as dificuldades.

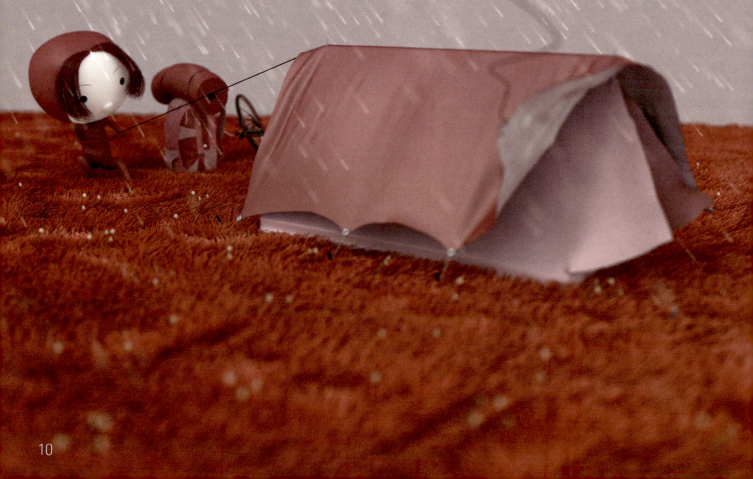

Outros acreditam
que viver
significa fugir dos problemas
e sempre buscar
se satisfazer.

**Alguns pensam que viver
significa ter um trabalho para se sustentar
e encontrar um lugar na sociedade.**

Outros acreditam que gastamos a vida
fazendo esforços demasiados,
que perdemos o tempo da nossa vida trabalhando.

**Alguns pensam que o objetivo da vida
é ser feliz, ser totalmente pleno.**

Outros consideram
que o sentido da vida reside nas boas ações,
pois a felicidade deve ser merecida.

Alguns pensam que o sentido da vida
é brincar o tempo todo, é se divertir a valer.

Outros acreditam que o sentido da vida é saber se comprometer,
pois ela é uma coisa séria.

Alguns acreditam
que vivemos para os outros,
para amá-los
e mimá-los.

Outros pensam
que os outros, inevitavelmente,
nos perturbam,
pois é em nós mesmos
que se encontra o
sentido de nossa vida.

Alguns acreditam que a vida
é uma coisa preciosa,
que é necessário fazer tudo
para preservá-la.

Outros pensam
que a vida conta menos
que os grandes ideais,
como a liberdade ou a verdade.

Alguns pensam que vivemos melhor
se esquecemos a morte,
se não pensamos em coisas tristes.

Outros acreditam que, para captar o sentido da vida,
é necessário ter em mente que ela é frágil,
que não durará para sempre.

Alguns pensam que o sentido da vida é buscar realizar o próprio sonho, por mais louco que ele seja.

Outros acreditam que o sentido da vida é saber aceitar a realidade como ela é, **receber cada dia como ele vier.**

Alguns pensam que o sentido da vida
é fazer o que temos vontade,
ir aonde quisermos.

Outros acreditam que viver
significa obedecer a regras,
ser responsável.

Alguns pensam
que a vida é aborrecida,
que nada muda,
e que fazemos sempre
a mesma coisa.

Outros acham
que a vida é excitante,
cheia de surpresas,
e que nós podemos
inventar qualquer coisa.

O autor

Oscar Brenifier, doutor em Filosofia e educador francês, trabalhou em inúmeros países promovendo ateliês de filosofia para adultos e de prática filosófica para crianças. Publicou, para adolescentes, a coleção L'Apprenti-Philo-sophe (O Aprendiz de Filósofo), pela Editora Nathan, e o livro *Question de logiques!* (Questão de lógicas!), pela Seuil Jeunesse. Para crianças, lançou as coleções PhiloZenfants (FilôCrianças), também pela Nathan, traduzida em diversas línguas, e Les Petits Albums de Philosophie (Pequenos Álbuns de Filosofia), pela Autrement, assim como os manuais para educadores *Enseigner par le débat* (Ensinar pelo debate), pela CRDP, e *La pratique de la philosophie à l'école primaire* (A prática da filosofia na escola primária), pela Sedrap. É um dos autores do relatório da UNESCO sobre a filosofia no mundo: *La philosophie, une école de liberté* (Filosofia, uma escola de liberdade).
www.brenifier.com

O ilustrador

Jacques Després, também francês, ingressou na École des Beaux-Arts (Escola de Belas Artes) em 1985. No início dos anos 1990, decidiu se dedicar a um meio que apenas começava a existir: a imagem virtual. Essa escolha o levou a trabalhar em campos tão variados como documentários, videogames, arquitetura e cenografia. Hoje, Jacques Després é ilustrador e continua sua reflexão sobre o espaço, o corpo, a luz, explorando as relações singulares que as palavras podem ter com as imagens.
www.jacquesdespres.eu

Le livre des grands contraires philosophiques (O livro dos grandes contrários filosóficos), primeira parceria dos dois autores, foi contemplado com o Prix de la Presse des Jeunes 2008 (Prêmio da Imprensa Jovem 2008), o Prix Jeunesse France Télévisions 2008 (Prêmio Juventude da Televisão Francesa 2008) e o prêmio La Science se Livre 2009 (A Ciência se Liberta 2009). Foi traduzido em 18 línguas.

Copyright © 2009 by Éditions Nathan, Paris – France
Copyright © 2013 Autêntica Editora

Título original
Le sens de la vie

Edição geral
Sonia Junqueira (T&S - Texto e Sistema Ltda.)

Tradução
Beatriz Magalhães

Revisão
Lúcia Assumpção

AUTÊNTICA EDITORA LTDA.

Editora responsável
Rejane Dias

Belo Horizonte
Rua Aimorés, 981, 8º andar . Funcionários
30140-071 . Belo Horizonte . MG
Tel.: (55 31) 3214 5700

São Paulo
Av. Paulista, 2.073 . Conjunto Nacional
Horsa I . 23º andar . Conj. 2301 . Cerqueira César
01311-940 . São Paulo . SP
Tel.: (55 11) 3034 4468

Televendas: 0800 283 13 22
www.autenticaeditora.com.br

Revisado conforme o Acordo Ortográfico da Língua Portuguesa de 1990, em vigor no Brasil desde janeiro de 2009.

Todos os direitos reservados pela Autêntica Editora. Nenhuma parte desta publicação poderá ser reproduzida, seja por meios mecânicos, eletrônicos, seja via cópia xerográfica sem a autorização prévia da editora.

Brenifier, Oscar
   O sentido da vida / Oscar Brenifier, Jacques Després ; tradução Beatriz Magalhães. -- 1. ed. -- Belo Horizonte : Autêntica Editora, 2013.

   Título original: Le sens de la vie
   ISBN 978-85-8217-272-8

   1. Literatura infantojuvenil I. Després, Jacques. II. Título.

13-08156   CDD-028.5

Índices para catálogo sistemático:
1. Literatura infantil 028.5
2. Literatura infantojuvenil 028.5